PREMIÈRES

CONNAISSANCES

SUR TOUTES CHOSES

A L'USAGE DES ENFANTS

Par ADRIEN DE MELCY

PARIS

IMPRIMERIE ET LIBRAIRIE CLASSIQUES

MAISON JULES DELALAIN ET FILS

DELALAIN FRÈRES, Successeurs

56, RUE DES ÉCOLES.

PREMIÈRES
CONNAISSANCES

TABLE DES CHAPITRES.

PREMIÈRES
CONNAISSANCES

SUR TOUTES CHOSES

A L'USAGE DES ENFANTS

Par ADRIEN DE MELCY

14e édition.

PARIS

IMPRIMERIE ET LIBRAIRIE CLASSIQUES

Maison Juifs Delalain et Fils

DELALAIN FRÈRES, Successeurs

56, RUE DES ÉCOLES.

Toute contrefaçon sera poursuivie conformément aux lois; tous les exemplaires sont revêtus de notre griffe.

Delalain frères

1888.

PREMIÈRES CONNAISSANCES

SUR TOUTES CHOSES

A L'USAGE DES ENFANTS,

———•⟨•⟩•———

1.

La Religion. — La Morale.

1. *Qu'est-ce que Dieu?*

Dieu est un pur esprit, éternel, infiniment parfait, créateur du ciel et de la terre, et souverain seigneur de toutes choses.

2. *Quels sont nos devoirs envers Dieu?*

Nos devoirs envers Dieu sont de croire en lui, d'espérer en lui, de l'aimer de tout notre cœur, de lui adresser chaque jour nos prières et d'observer ses commandements.

3. *Qu'est-ce que la religion?*

C'est le culte que nous rendons à Dieu par la pratique des devoirs et des commandements que lui-même a donnés aux hommes.

4. *Qu'est-ce que la doctrine chrétienne?*

C'est la doctrine que N. S. Jésus-Christ, fils de Dieu, a apportée sur la terre au nom de son Père, que les apôtres ont prêchée et que l'Église catholique nous enseigne.

5. *Qu'est-ce que la prière?*

La prière est une élévation de notre âme vers Dieu, pour lui rendre nos hommages, lui exprimer notre reconnaissance, lui exposer nos besoins et lui demander ses grâces.

6. *Comment Dieu nous récompense-t-il de l'observation de sa divine loi?*

En nous accordant sur cette terre la paix de l'âme et la joie intérieure de la conscience, qui sont le partage du juste, et après notre mort, dans le ciel, au milieu des anges et des saints, un bonheur éternel et parfait, par la vue et la possession de Dieu.

7. *Comment Dieu punit-il l'infraction à ses commandements?*

En nous soumettant sur cette terre à

de douloureuses épreuves, qui sont la suite du péché, et après notre mort, en nous condamnant aux peines de l'enfer, loin de sa divine présence.

8. *Qu'est-ce que la morale?*

C'est la partie de la religion qui nous apprend nos devoirs envers nos parents, envers les autres hommes, envers nous-mêmes, et qui nous donne des règles de conduite pour la vie publique comme pour la vie privée.

9. *Quels sont les principaux préceptes de la morale?*

Honorer son père et sa mère, aimer son prochain, se conduire en honnête homme, ne pas faire à autrui ce qu'on ne voudrait pas qu'on vous fît, chérir sa patrie et respecter les lois.

2.

L'Homme.

1. *Qu'est-ce que l'homme?*

L'homme est un être raisonnable, créé par Dieu à son image et doué d'une âme immortelle.

2. *Qu'est-ce que l'âme ?*

L'âme est le principe de la vie, principe invisible et immortel, quoique uni au corps, et par lequel nous sentons, pensons et agissons.

3. *Qu'est-ce que le corps ?*

C'est notre substance matérielle, visible et subordonnée à l'âme; le corps meurt quand l'âme se sépare de lui.

4. *Quelles sont les principales parties du corps humain ?*

Les parties principales qui forment la structure du corps humain sont : 1° la tête, qui comprend les yeux, les oreilles, le nez et la bouche, dans laquelle sont situées la langue et les dents; 2° le corps proprement dit, auquel se rattachent les bras et les mains, les jambes et les pieds.

5. *Qu'appelle-t-on les cinq sens ?*

Ce sont les cinq manières de sentir, c'est-à-dire de recevoir l'impression des objets extérieurs.

6. *Qu'entend-on par organes des sens ?*

Les organes des sens sont les parties de

notre corps qui nous servent à sentir, c'est-à-dire à recevoir du dehors une impression quelconque.

7. *Quels sont les organes des sens?*

Les yeux, pour la vue; les oreilles, pour l'ouïe; la langue, pour le goût; le nez, pour l'odorat; les mains, principal organe pour le toucher.

8. *Qu'appelle-t-on sensations?*

Ce sont les impressions agréables ou douloureuses que nous éprouvons par l'intermédiaire des organes des sens.

9. *Tous les hommes se ressemblent-ils?*

Les hommes se ressemblent tous, en ce sens qu'ils sont tous les enfants de Dieu et sont tous doués d'une âme immortelle; mais ils diffèrent par la couleur de la peau et par la forme du visage, suivant les pays et les climats : de là plusieurs variétés ou races dans l'espèce humaine.

10. *Quelles sont les principales races humaines?*

On en compte quatre : 1° la race blanche ou caucasique, en Europe, en Afrique et en Asie; 2° la race jaune ou mongolique, en Asie et en Océanie; 3° la race cuivrée, en Amérique; 4° la race noire ou nègre, en Afrique et en Océanie.

3.

L'Univers. — Le Ciel. — La Terre.

1. *Qu'est-ce que l'univers?*

L'univers, ou le monde, est l'ensemble du ciel et de la terre avec tout ce qui s'y trouve renfermé.

2. *Qu'est-ce que le ciel?*

Le ciel est cet espace immense au-dessus de nos têtes où se trouvent les astres : le soleil, les planètes et les étoiles.

3. *Qu'est-ce que le soleil?*

C'est le globe lumineux qui éclaire la terre et la féconde.

4. *Quel est le mouvement du soleil?*

Le soleil semble immobile dans l'espace, mais il tourne sur lui-même en vingt-cinq jours et douze heures.

5. *Qu'est-ce qui marque le jour?*

Le lever du soleil.

6. *Qu'est-ce qui marque la nuit ?*

Le coucher du soleil.

7. *Qu'est-ce que les planètes ?*

Ce sont des corps célestes, de forme sphérique, qui tournent autour du soleil et lui empruntent sa lumière.

8. *Quelles sont les principales planètes ?*

Elles sont au nombre de huit : la Terre, Mercure, Vénus, Mars, Jupiter, Saturne, Uranus, Neptune.

9. *Qu'est-ce que les satellites ?*

Les satellites, nommés aussi planètes secondaires, sont de petits astres qui tournent autour des planètes principales.

10. *Qu'est-ce que les étoiles ?*

Ce sont des corps qui sont lumineux par eux-mêmes et paraissent conserver une position invariable sur la voûte céleste. Leur nombre est infini.

11. *Comment a-t-on divisé les étoiles ?*

Les étoiles sont divisées en groupes, nommés constellations. La principale constellation est le Chariot ou la grande Ourse, qui est composée de sept étoiles.

12. *Qu'est-ce que les comètes ?*

Ce sont des corps lumineux qui décrivent autour du soleil des orbites fort allongées. Elles n'apparaissent qu'à certaines époques indéterminées.

13. *Qu'est-ce que la terre ?*

C'est le globe que nous habitons et qui est une des grandes planètes.

14. *Quel est le mouvement de la terre ?*

La terre tourne sur elle-même dans l'espace de vingt-quatre heures. Comme elle offre successivement chacune de ses parties au soleil, ce mouvement de rotation amène le jour et la nuit.

15. *Quelle autre révolution la terre opère-t-elle ?*

Elle a en même temps un mouvement de révolution autour du soleil. Ce mouvement s'opère en trois cent soixante-cinq jours et six heures à peu près : c'est ce qui forme une année.

16. *Qu'est-ce que la lune ?*

C'est un corps opaque, satellite de la terre, qui tourne autour d'elle et l'éclaire pendant la nuit.

17. *Comment s'opère ce mouvement?*

La lune tourne autour de la terre en vingt-sept jours sept heures quarante-trois minutes.

18. *Quand dit-on qu'il y a nouvelle lune?*

Lorsque la lune nous présente sa face obscure, parce qu'elle est placée, dans son mouvement de révolution, entre la terre et le soleil.

19. *Quand dit-on qu'il y a pleine lune?*

Lorsque la partie éclairée de la lune se tourne entièrement vers la terre.

20. *Qu'appelle-t-on éclipse?*

Une éclipse est la disparition partielle ou totale, pendant un certain temps, du soleil ou de la lune.

21. *Quand y a-t-il éclipse de soleil?*

Lorsque la lune cache une partie du soleil en se plaçant entre cet astre et la terre.

22. *Quand y a-t-il éclipse de lune?*

Lorsque la terre est placée entre le soleil et la lune.

4.

Les Divisions du Temps.

1. *Qu'est-ce qu'un jour ?*

Un jour est l'espace de temps que la terre met à tourner sur elle-même. On appelle jour civil l'intervalle de temps d'un minuit à l'autre. Quand on veut désigner le temps qui s'écoule entre le lever et le coucher du soleil, on le nomme par opposition jour naturel.

2. *Qu'est-ce que la nuit ?*

C'est l'espace de temps qui s'écoule depuis le coucher du soleil jusqu'à son lever.

3. *Quelle est la cause de l'inégalité des jours et des nuits ?*

Elle est due aux positions différentes que la terre occupe successivement, par rapport au soleil, dans son mouvement de révolution autour de cet astre.

4. *Comment se divise un jour ?*

En vingt-quatre heures, chaque heure comprenant soixante minutes et chaque minute étant subdivisée en soixante secondes.

5. *Qu'est-ce que le matin ?*

C'est l'intervalle qui s'écoule depuis minuit jusqu'à midi, et qui est censé correspondre au lever du soleil.

6. *Qu'est-ce que le soir ?*

C'est l'intervalle qui s'écoule depuis midi jusqu'à minuit, et qui est censé correspondre au coucher du soleil.

7. *Qu'est-ce qu'une semaine ?*

C'est un espace de sept jours, qui commence ordinairement le dimanche.

8. *Quel est le nom des jours de la semaine ?*

Dimanche, lundi, mardi, mercredi, jeudi, vendredi, samedi.

9. *Qu'est-ce que le dimanche ?*

Le dimanche est le jour consacré au repos et au service de Dieu.

10. *Qu'est-ce qu'un mois ?*

C'est un espace de quatre semaines et quelques jours, qui se compose ordinairement de trente ou trente et un jours, et une fois par an de vingt-huit ou vingt-neuf jours.

11. *Quel est le nom des mois ?*

Janvier, février, mars, avril, mai, juin, juillet, août, septembre, octobre, novembre, décembre.

12. *Combien chaque mois a-t-il de jours ?*

Janvier, 31 jours ; février, 28 ou 29 ; mars, 31 ; avril, 30 ; mai, 31 ; juin, 30 ; juillet, 31 ; août, 31 ; septembre, 30 ; octobre, 31 ; novembre, 30 ; décembre, 31.

13. *Qu'est-ce qu'une année ?*

C'est l'espace de douze mois.

14. *Combien y a-t-il de semaines dans l'année ?*

Cinquante-deux semaines.

15. *Combien y a-t-il de jours dans l'année ?*

Trois cent soixante-cinq jours.

16. *Qu'est-ce qu'une année bissextile ?*

C'est une année qui revient tous les quatre ans et qui compte un jour de plus que les années ordinaires.

17. *Quand commence l'année ?*

Le 1ᵉʳ janvier, désigné communément sous le nom de jour de l'an.

18. *Qu'est-ce qu'un siècle ?*

Un espace de cent ans ; ainsi le siècle

actuel, qui a commencé le 1er janvier 1801, finira le 31 décembre 1900 : c'est le dix-neuvième siècle (depuis la naissance de N. S. Jésus-Christ).

19. *Qu'est-ce que le calendrier ?*

Le calendrier, nommé aussi almanach, est un catalogue ou tableau écrit des mois, des semaines et des jours de l'année, avec la mention des fêtes religieuses.

20. *Qu'est-ce qu'une saison ?*

C'est chacune des divisions de l'année, qui a été partagée en quatre parties, d'après l'état de la température ; chaque saison dure trois mois.

21. *Quel est le nom des saisons ?*

Le printemps, l'été, l'automne, l'hiver

22. *Quelle est l'époque de chaque saison ?*

Le printemps commence le 21 ou 22 mars ; l'été, le 20 ou 21 juin ; l'automne, le 22 ou 23 septembre ; l'hiver, le 21 ou 22 décembre.

23. *Quel est le caractère de chaque saison ?*

Le printemps est en général tempéré, mais souvent pluvieux ; l'été, chaud ; l'automne, tempéré ; l'hiver, froid et pluvieux.

1 (*)

24. *Quelle est la cause de cette différence des saisons ?*

Cette différence provient des diverses positions qu'occupe la terre, par rapport au soleil, dans sa révolution annuelle.

5.

Les Chiffres. — Les Nombres.

1. *Comment compte-t-on les objets ?*

En leur appliquant un ou plusieurs nombres représentés par des chiffres.

2. *Qu'est-ce que les chiffres ?*

Des caractères avec lesquels on représente les nombres.

3. *Combien y a-t-il de chiffres ?*

Il y en a dix, savoir :

1, un ; 2, deux ; 3, trois ; 4, quatre ; 5, cinq ; 6, six ; 7, sept ; 8, huit ; 9, neuf ; 0, zéro.

4. *Quel est l'emploi du zéro ?*

Le zéro par lui-même ne fait aucun nombre, mais il multiplie par dix les nombres qui le précèdent.

5. *Comment s'expriment les noms de nombre depuis dix jusqu'à cent?*

On exprime successivement la réunion de ces dix chiffres comme il suit :

10, dix; 11, onze; 12, douze; 13, treize; 14, quatorze; 15, quinze; 16, seize; 17, dix-sept; 18, dix-huit; 19, dix-neuf;

20, vingt; 21, vingt et un; 22, vingt-deux; 23, vingt-trois; 24, vingt-quatre; 25, vingt-cinq; 26, vingt-six; 27, vingt-sept; 28, vingt-huit; 29, vingt-neuf;

30, trente; 31, trente et un; 32, trente-deux; 33, trente-trois; 34, trente-quatre, 35, trente-cinq; 36, trente-six; 37, trente-sept; 38, trente-huit; 39, trente-neuf;

40, quarante; 41, quarante et un; 42, quarante-deux; 43, quarante-trois; 44, quarante-quatre; 45, quarante-cinq; 46, quarante-six; 47, quarante-sept; 48, quarante-huit; 49, quarante-neuf;

50, cinquante; 51, cinquante et un; 52, cinquante-deux; 53, cinquante-trois; 54, cinquante-quatre; 55, cinquante-cinq; 56, cinquante-six; 57, cinquante-sept; 58, cinquante-huit; 59, cinquante-neuf;

60, soixante; 61, soixante et un; 62, soixante-deux; 63, soixante-trois; 64,

soixante-quatre; 65, soixante-cinq; 66,
soixante – six ; 67, soixante – sept ; 68,
soixante – huit; 69, soixante – neuf; 70,
soixante-dix; 71, soixante et onze; 72,
soixante-douze; 73, soixante-treize; 74,
soixante-quatorze; 75, soixante-quinze; 76,
soixante-seize; 77, soixante-dix-sept; 78,
soixante-dix-huit; 79, soixante-dix-neuf;

80, quatre-vingts; 81, quatre-vingt-un;
82, quatre-vingt-deux; 83, quatre-vingt-
trois; 84, quatre-vingt-quatre; 85, quatre-
vingt-cinq; 86, quatre-vingt-six; 87,
quatre-vingt-sept; 88, quatre-vingt-huit;
89, quatre-vingt-neuf; 90, quatre-vingt-
dix; 91, quatre-vingt-onze; 92, quatre-
vingt-douze; 93, quatre-vingt-treize; 94,
quatre-vingt-quatorze; 95, quatre-vingt-
quinze; 96, quatre-vingt-seize; 97, quatre-
vingt-dix-sept; 98, quatre-vingt-dix-huit;
99, quatre-vingt-dix-neuf;

100, cent.

6. *Comment s'expriment les autres nombres?*

On ajoute au chiffre 100 les noms
des premiers nombres, ainsi : 101, cent
un; 102, cent deux, etc., jusqu'à 199,
cent quatre-vingt-dix-neuf. On compte

ensuite, de la même manière, de 200, deux cents, à 999, neuf cent quatre-vingt-dix-neuf. On arrive alors au chiffre 1,000, mille, et l'on compte par mille, comme on a compté par cent, jusqu'à mille fois mille : 1,001, mille un; 1,002, mille deux, etc.; 1,100, mille cent; 1,200, mille deux cents, etc.; 2,000, deux mille; 3,000, trois mille, etc., et ainsi de suite jusqu'à 1,000,000, un million.

7. *Quelles sont les principales opérations faites avec les nombres ?*

Elles sont au nombre de quatre : l'addition, la soustraction, la multiplication et la division, qui ont pour objet : 1° d'ajouter un nombre à un autre ou à plusieurs autres; 2° de soustraire ou ôter un nombre d'un nombre plus grand; 3° de multiplier, ou répéter un nombre autant de fois qu'il y a d'unités dans un autre nombre donné; 4° de diviser ou partager un nombre en plusieurs parties égales.

8. *Quels procédés emploie-t-on pour abréger ces opérations?*

On se sert de tables d'addition et de multiplication.

TABLE D'ADDITION.

1 et 1 font 2	2 et 1 font 3	3 et 1 font 4	4 et 1 font 5	5 et 1 font 6
1 — 2 — 3	2 — 2 — 4	3 — 2 — 5	4 — 2 — 6	5 — 2 — 7
1 — 3 — 4	2 — 3 — 5	3 — 3 — 6	4 — 3 — 7	5 — 3 — 8
1 — 4 — 5	2 — 4 — 6	3 — 4 — 7	4 — 4 — 8	5 — 4 — 9
1 — 5 — 6	2 — 5 — 7	3 — 5 — 8	4 — 5 — 9	5 — 5 — 10
1 — 6 — 7	2 — 6 — 8	3 — 6 — 9	4 — 6 — 10	5 — 6 — 11
1 — 7 — 8	2 — 7 — 9	3 — 7 — 10	4 — 7 — 11	5 — 7 — 12
1 — 8 — 9	2 — 8 — 10	3 — 8 — 11	4 — 8 — 12	5 — 8 — 13
1 — 9 — 10	2 — 9 — 11	3 — 9 — 12	4 — 9 — 13	5 — 9 — 14
6 et 1 font 7	7 et 1 font 8	8 et 1 font 9	9 et 1 font 10	10 et 1 font 11
6 — 2 — 8	7 — 2 — 9	8 — 2 — 10	9 — 2 — 11	10 — 2 — 12
6 — 3 — 9	7 — 3 — 10	8 — 3 — 11	9 — 3 — 12	10 — 3 — 13
6 — 4 — 10	7 — 4 — 11	8 — 4 — 12	9 — 4 — 13	10 — 4 — 14
6 — 5 — 11	7 — 5 — 12	8 — 5 — 13	9 — 5 — 14	10 — 5 — 15
6 — 6 — 12	7 — 6 — 13	8 — 6 — 14	9 — 6 — 15	10 — 6 — 16
6 — 7 — 13	7 — 7 — 14	8 — 7 — 15	9 — 7 — 16	10 — 7 — 17
6 — 8 — 14	7 — 8 — 15	8 — 8 — 16	9 — 8 — 17	10 — 8 — 18
6 — 9 — 15	7 — 9 — 16	8 — 9 — 17	9 — 9 — 18	10 — 9 — 19

TABLE DE MULTIPLICATION.

1 fois 1 fait 1	2 fois 1 font 2	3 fois 1 font 3	4 fois 1 font 4	5 fois 1 font 5
1 — 2 — 2	2 — 2 — 4	3 — 2 — 6	4 — 2 — 8	5 — 2 — 10
1 — 3 — 3	2 — 3 — 6	3 — 3 — 9	4 — 3 — 12	5 — 3 — 15
1 — 4 — 4	2 — 4 — 8	3 — 4 — 12	4 — 4 — 16	5 — 4 — 20
1 — 5 — 5	2 — 5 — 10	3 — 5 — 15	4 — 5 — 20	5 — 5 — 25
1 — 6 — 6	2 — 6 — 12	3 — 6 — 18	4 — 6 — 24	5 — 6 — 30
1 — 7 — 7	2 — 7 — 14	3 — 7 — 21	4 — 7 — 28	5 — 7 — 35
1 — 8 — 8	2 — 8 — 16	3 — 8 — 24	4 — 8 — 32	5 — 8 — 40
1 — 9 — 9	2 — 9 — 18	3 — 9 — 27	4 — 9 — 36	5 — 9 — 45
1 — 10 — 10	2 — 10 — 20	3 — 10 — 30	4 — 10 — 40	5 — 10 — 50
6 fois 1 font 6	7 fois 1 font 7	8 fois 1 font 8	9 fois 1 font 9	10 fois 1 font 10
6 — 2 — 12	7 — 2 — 14	8 — 2 — 16	9 — 2 — 18	10 — 2 — 20
6 — 3 — 18	7 — 3 — 21	8 — 3 — 24	9 — 3 — 27	10 — ·3 — 30
6 — 4 — 24	7 — 4 — 28	8 — 4 — 32	9 — 4 — 36	10 — 4 — 40
6 — 5 — 30	7 — 5 — 35	8 — 5 — 40	9 — 5 — 45	10 — 5 — 50
6 — 6 — 36	7 — 6 — 42	8 — 6 — 48	9 — 6 — 54	10 — 6 — 60
6 — 7 — 42	7 — 7 — 49	8 — 7 — 56	9 — 7 — 63	10 — 7 — 70
6 — 8 — 48	7 — 8 — 56	8 — 8 — 64	9 — 8 — 72	10 — 8 — 80
6 — 9 — 54	7 — 9 — 63	8 — 9 — 72	9 — 9 — 81	10 — 9 — 90
6 — 10 — 60	7 — 10 — 70	8 — 10 — 80	9 — 10 — 90	10 — 10 —100

6.

Les Mesures. — Les Poids. — Les Monnaies.

1. *Qu'appelle-t-on mesure ?*

Ce qui sert de règle pour déterminer une longueur ou une quantité.

2. *Quelle est l'unité principale de mesures en France ?*

Le mètre, qui répond à peu près à la longueur de dix mains d'homme.

3. *Quelles sont les unités de mesures ?*

Ce sont : le mètre, pour la longueur des objets et des chemins ; l'are, pour la superficie des terrains ; le stère, pour le bois de charpente et de chauffage ; le litre, pour les liquides et les graines.

4. *Comment exprime-t-on les mesures inférieures à l'unité ?*

En mettant devant le nom de l'unité de mesure les mots déci, centi, milli, qui marquent que ce sont des dixièmes, des centièmes, des millièmes de cette unité. Ainsi l'on dit : un décimètre, un

centimètre, un millimètre; un centiare;
un décistère; un décilitre, un centilitre.

5. *Comment exprime-t-on les mesures
supérieures à l'unité?*

En mettant devant le nom de l'unité
de mesure les mots déca, hecto, kilo,
myria, qui marquent qu'elles valent dix,
cent, mille, dix mille de ces unités. Ainsi
le mot décamètre exprime dix mètres;
hectomètre, cent mètres; kilomètre, mille
mètres; myriamètre, dix mille mètres; de
même pour les autres mesures.

6. *Quelle est l'unité de poids en France?*

Le gramme, poids infiniment petit, qui
s'emploie rarement dans la pratique.

7. *Comment exprime-t-on les poids in-
férieurs et supérieurs à cette unité?*

De la même manière que pour les mesures. Le décigramme vaut un dixième de
gramme; le centigramme, un centième
de gramme; le milligramme, un millième
de gramme. Le kilogramme représente
mille grammes; l'hectogramme, cent
grammes; le décagramme, dix grammes.

8. *Quel est le poids le plus usuel dans la pratique ?*

Le kilogramme, qui sert à peser toutes les marchandises.

9. *Qu'est-ce que la monnaie ?*

On appelle monnaie toute pièce de métal frappée par autorité souveraine, et marquée au coin d'un prince ou d'un État, pour servir aux transactions du commerce.

10. *Quelle est l'unité de monnaie française ?*

Le franc, qui se divise en décimes et en centimes.

11. *Quelles sont les monnaies actuelles ?*

Des pièces en bronze, en argent et en or.

12. *Quelles sont les monnaies de bronze ?*

Le centime, la pièce de deux centimes, celle de cinq centimes et la pièce de dix centimes ou un décime.

13. *Quelles sont les monnaies d'argent ?*

La pièce de vingt centimes, qui représente un cinquième de franc ; celle de cinquante centimes ou demi-franc ; le franc, qui vaut dix décimes ou cent centimes ; la pièce de deux francs et celle de cinq francs.

14. *Quelles sont les monnaies d'or ?*

Les pièces de cinq, de dix, de vingt, de cinquante et de cent francs.

15. *Qu'est-ce que le papier-monnaie ?*

Ce sont des billets de banque, autorisés par l'État, qui ont cours comme l'argent monnayé ; tels sont les billets de cent, deux cents, cinq cents et mille francs.

7.

Les Phénomènes de la Nature.

1. *Qu'est-ce que l'atmosphère ?*

C'est la masse d'air qui environne la terre et est indispensable à la vie.

2. *Comment sont formés les nuages ?*

Ils sont formés par des vapeurs qui s'élèvent de la terre dans l'atmosphère, et qui se rapprochent et se condensent peu à peu sous l'impulsion des vents et l'impression du froid. Le vent et la lumière du soleil leur donnent des formes et des nuances variées, souvent très bizarres.

3. *Qu'est-ce que le brouillard?*

Le brouillard est dû à des nuages qui se forment près de la terre, s'étendent dans l'atmosphère et troublent sa transparence.

4. *Comment se forme la pluie?*

Lorsque les nuages s'épaississent et que leurs gouttes sont devenues trop pesantes pour se soutenir dans l'air, elles tombent sur la terre avec plus ou moins de force, suivant la hauteur de leur chute : c'est ce qu'on appelle la pluie.

5. *Qu'est-ce que la neige?*

C'est un assemblage de petits glaçons extrêmement fins, formés par une congélation de nuages; leurs flocons légers, réfléchissant de toute part la lumière, paraissent d'un très beau blanc.

6. *Comment se forme la grêle?*

Elle se forme de gouttes de pluie qui, passant dans des régions froides de l'atmosphère, se gèlent en tombant.

7. *Qu'est-ce que le serein?*

C'est une vapeur froide, souvent malsaine, produite par la chaleur de la terre et se faisant sentir au coucher du soleil.

8. *Qu'est-ce que la rosée ?*

Ce sont de petites gouttes d'eau qui se déposent sur l'herbe et sur les plantes, le matin au lever du soleil, par les nuits calmes et sans nuages.

9. *Comment se forme la gelée blanche ?*

Lorsque les nuits sont longues et froides, la rosée se gèle; on appelle alors gelée blanche les petits glaçons très-menus et très serrés produits par cette rosée.

10. *Qu'est-ce que le vent ?*

C'est le mouvement plus ou moins rapide d'une masse d'air qui se transporte d'un lieu dans un autre.

11. *Dites les noms des vents.*

Les quatre vents principaux sont : le vent du nord, le vent du sud, le vent d'est et le vent d'ouest, noms tirés des quatre points de l'horizon d'où ils paraissent souffler.

12. *Qu'est-ce que les éclairs ?*

Ce sont de vives et subites étincelles, qui sillonnent l'air en zigzag dans les temps d'orage et précèdent le bruit effrayant du tonnerre. Elles sont produites par une matière électrique et enflammée, que l'on nomme foudre, et qui s'élance alors du sein des nuages.

13. Qu'est-ce que le tonnerre ?

C'est le bruit éclatant qui accompagne la foudre et que précède l'éclair. Il est produit par le dégagement du fluide électrique dont sont chargés les nuages qui s'entre-choquent.

14. Comment tombe la foudre ?

Si le fluide électrique, au lieu de passer d'un nuage à un autre, étincelle vis-à-vis d'un objet terrestre qui s'en trouve à une distance peu éloignée, tel que des arbres ou des bâtiments, la foudre tombe et renverse tout ce qu'elle touche. Vulgairement on dit alors que le tonnerre est tombé.

15. Qu'est-ce qu'un paratonnerre ?

C'est un appareil destiné à préserver les bâtiments des effets de la foudre. Il consiste en une longue barre de fer terminée en pointe, que l'on place sur le haut d'un édifice, et qui communique au sol par une chaîne de même métal conduisant le fluide électrique dans la terre.

16. *Qu'est-ce que l'arc-en-ciel?*

C'est ce bel arc offrant sept couleurs (le rouge, l'orangé, le jaune, le vert, le bleu, l'indigo et le violet) que l'on voit souvent par un temps pluvieux dans la partie de l'air opposée au soleil.

17. *Comment est-il formé?*

Il se forme, quand l'atmosphère est humide, par la décomposition des rayons du soleil qui passent à travers les gouttes de pluie.

8.

Les Merveilles des Sciences.

1. *Comment sommes-nous initiés aux merveilles des sciences?*

Par l'étude de la Physique et de la Chimie. La Physique a pour objet les corps naturels, leurs propriétés et les lois auxquelles ils sont soumis. La Chimie décompose et recompose ces corps et fait connaître l'action qu'ils exercent les uns sur les autres.

2. *Qu'est-ce que l'air?*

C'est un fluide invisible, compressible, élastique et pesant. Il environne de toutes parts le globe terrestre.

3. *Quelle est l'influence de l'air sur l'homme?*

L'air, qui est formé des gaz oxygène et azote, est indispensable à la conservation de tous les êtres organisés. Nos poumons prennent, dans l'acte de la respiration, l'air extérieur, qui rafraîchit notre sang.

4. *Quels sont les corps qui peuvent se soutenir dans l'air?*

Tous ceux qui sont plus légers que l'air, et particulièrement les gaz.

5. *Qu'est-ce que les gaz?*

Des fluides aériformes, analogues à l'air par leur transparence, leur compressibilité et leurs autres propriétés physiques.

6. *Pourquoi les ballons s'élèvent-ils dans l'air?*

Parce que le gaz qu'ils contiennent est plus léger que l'air. Les ballons, composés d'une toile gommée, contiennent de l'hydrogène carboné. Comme ce gaz est quatorze. fois et demie plus léger que l'air, sitôt que le ballon en est gonflé, il s'élève dans l'air. Lorsque l'aéronaute veut retourner à terre, il laisse échapper du gaz par une soupape et fait entrer dans le ballon une certaine quantité d'air dont le poids le force à descendre.

7. *Qu'est-ce que l'eau?*

C'est un corps liquide, transparent, sans goût, sans odeur et sans couleur. Il est formé principalement de la combinaison du gaz hydrogène et du gaz oxygène.

8. *Qu'est-ce que la vapeur?*

C'est l'eau amenée, ordinairement par la force de la chaleur, de l'état liquide à l'état gazeux.

9. *Quel usage fait-on de la vapeur?*

Lorsque ce fluide très élastique est comprimé par des obstacles, il fait de grands efforts pour les vaincre. Cette force expansive a été appliquée à mouvoir des machines qu'on appelle machines à vapeur et qui sont employées dans les usines, la navigation et les chemins de fer.

10. *Qu'est-ce que la glace?*

C'est l'eau passée à l'état solide lorsque le froid en resserre les molécules.

11. *Quand ce phénomène se produit-il généralement?*

Pendant l'hiver; alors le refroidissement de la température fait geler parfois les rivières si fortement, qu'on peut les traverser à pied ou en voiture. Il arrive même que l'eau se gèle dans nos appartements, et comme l'eau à l'état de glace augmente de volume, elle casse souvent les vases qui la contiennent.

12. *Qu'est-ce que la lumière?*

C'est un fluide élastique qui, lorsqu'il agit sur les yeux, produit la clarté et rend les objets visibles. La lumière nous vient du soleil, de la lune et des étoiles. L'homme s'est créé une lumière artificielle en brûlant du bois, de l'huile, du suif, du gaz, etc.

13. *Quel usage a-t-on fait de la lumière pour la photographie?*

On est arrivé à reproduire et à fixer, par l'action de la lumière solaire, les images des personnes et des objets sur des plaques ou des papiers préparés à cet effet, au moyen de diverses substances chimiques et des procédés de la photographie.

14. *Qu'est-ce qui produit les couleurs?*

Les effets de la lumière.

15. *Combien y a-t-il de couleurs?*

Sept principales : le rouge, l'orangé, le jaune, le vert, le bleu, l'indigo et le violet. Ce sont celles que l'on voit dans l'arc-en-ciel.

16. *Pourquoi le noir et le blanc ne sont-ils pas comptés parmi les couleurs?*

Parce que le noir est l'absence de toutes les couleurs, et le blanc la réunion de toutes.

17. *Comment l'homme supplée-t-il à la faiblesse de la vue?*

Par des instruments d'optique composés de verres grossissants, tels que les lunettes d'approche, les télescopes, etc.

18. *Qu'appelle-t-on lunette d'approche ou longue-vue?*

C'est un instrument de forme cylindrique garni à ses deux extrémités d'un verre convexe, c'est-à-dire bombé, qui fait voir de loin les objets en les grossissant.

19. *Qu'est-ce que les télescopes?*

Ce sont des instruments composés de tuyaux cylindriques dans lesquels des verres et un réflecteur métallique sont disposés de manière à faire voir très distinctement des objets fort éloignés. On s'en sert pour examiner les astres.

20. *Qu'est-ce qu'un microscope?*

C'est un instrument qui, par le moyen de plusieurs lentilles ou verres bombés, fait paraître très-gros des objets très petits, même ceux qui échappent à la vue simple.

9.

Suite des Merveilles des Sciences.

1. *Qu'est-ce que la chaleur?*

La chaleur est un fluide non pesant, produit par la combustion. Elle nous vient du soleil et aussi d'un foyer ardent qui se trouve au centre de la terre. L'homme, qui a su faire une lumière artificielle, se procure également la chaleur par le moyen du feu.

2. *Qu'est-ce que le feu?*

C'est une matière très subtile, principe de la chaleur et de la lumière; mais ce qu'on appelle ordinairement feu n'est autre chose qu'un corps embrasé dont les parties s'en vont en fumée, en flamme, en vapeur, etc.

3. *Quel est le moyen de faire cesser le feu?*

C'est de le priver entièrement d'air, en jetant dessus, suivant les cas, de l'eau, du sable, de la terre, etc.

4. *Qu'est-ce qu'un tremblement de terre?*

C'est une secousse qui ébranle violemment le sol et qui est produite par des feux souterrains.

5. *Qu'appelle-t-on volcans?*

Ce sont des montagnes dont le sommet présente une ouverture, en forme d'entonnoir, nommée cratère, par laquelle sortent, à des intervalles indéterminés, des tourbillons de feu et des matières embrasées.

6. *Qu'est-ce qu'un baromètre?*

C'est un instrument qui fait connaître, au moyen d'un tube rempli de mercure, la pesanteur de l'air et ses variations. Quand le mercure baisse dans le tube, c'est un signe de pluie; quand il monte, c'est un signe de beau temps.

7. *Qu'est-ce qu'un thermomètre ?*

C'est un instrument qui indique, également au moyen du mercure ou de l'alcool coloré, les variations de température dans l'air ou tout autre corps. Plus le liquide monte dans le tube qui le contient, plus la chaleur est grande ; la chaleur diminue au contraire quand le liquide descend, par ce principe que les corps se dilatent ou se contractent par la chaleur ou par le froid.

8. *Qu'est-ce que l'aimant ?*

L'aimant est un minéral ressemblant au fer et ayant la propriété d'attirer le fer et certains métaux. Un morceau d'aimant, suspendu librement, a cette remarquable propriété de prendre constamment la direction du sud au nord.

9. *Comment s'oriente-t-on sur les mers ?*

A l'aide de l'aiguille aimantée de la boussole, de la lumière des astres et des phares.

10. *Qu'est-ce que la boussole ?*

C'est un instrument en forme de cadran au fond duquel sont indiqués les quatre points cardinaux, c'est-à-dire l'est, le sud, le nord et l'ouest. Au centre du cadran est fixée une aiguille qui tourne librement sur son pivot et dont la pointe aimantée se dirige naturellement vers le nord; les marins peuvent ainsi fixer la marche du vaisseau.

11. *Qu'appelle-t-on des phares?*

Ce sont des tours placées sur les côtes ou à l'entrée des ports, et au haut desquelles on allume des feux pendant la nuit et dans les temps de brouillards. La lumière, projetée à plusieurs kilomètres en mer au moyen d'ingénieux appareils composés de verres réflecteurs, sert à guider les vaisseaux.

12. *Qu'est-ce que l'électricité?*

C'est la propriété qu'ont certains corps frottés, chauffés ou mis en contact avec d'autres, d'attirer les corps les plus légers et de les repousser sur-le-champ, de produire des étincelles brillantes et du bruit et de faire éprouver des commotions plus ou moins fortes aux êtres vivants mis en rapport avec ces corps.

13. *A quelle cause sont dus ces effets?*

A un fluide en mouvement, tant au dedans qu'au dehors du corps électrisé, et que l'on nomme fluide électrique.

14. Qu'est-ce que les machines et les piles électriques?

Ce sont des instruments principalement construits en cuivre et en verre, qui servent à produire les phénomènes et les courants électriques.

15. Quel parti a-t-on tiré de l'électricité pour la télégraphie?

Des appareils spéciaux placés au point de départ et d'arrivée sont mis en communication au moyen de courants électriques qui suivent des fils de fer. Avec ces appareils, des dépêches sont transmises immédiatement à des distances très éloignées, à l'aide de signes correspondant à chaque lettre de l'alphabet ou des lettres mêmes.

10.

Les trois Règnes de la Nature.

1. Qu'appelle-t-on les trois règnes de la nature?

Les trois grandes divisions naturelles

qui contiennent les êtres vivants, les corps animés et les corps inanimés.

2. *Quel nom leur donne-t-on?*

Le règne animal, le règne végétal et le règne minéral.

3. *Que renferme chaque règne?*

Le règne animal comprend l'homme et tous les animaux ou êtres vivants ; le règne végétal, les végétaux ou plantes de toute espèce, corps animés, mais dépourvus de la faculté de sentir, c'est-à-dire n'éprouvant aucune sensation ; le règne minéral, les minéraux, les métaux et les pierres, corps sans organes et par conséquent sans vie.

4. *Qu'est-ce que l'histoire naturelle?*

C'est la science qui a pour but l'étude des trois règnes de la nature.

5. *Comment se divise-t-elle?*

En trois parties : 1° la zoologie ou l'étude des animaux, 2° la botanique ou l'étude des végétaux, 3° la minéralogie ou l'étude des minéraux.

6. *Qu'est-ce que la zoologie?*

C'est l'histoire naturelle de l'homme et

des animaux, la science qui nous fait connaître leur division en classes, leurs caractères généraux et particuliers, leurs usages et leurs habitudes.

7. Quel est le caractère distinctif de l'homme ?

L'homme seul se tient debout, lève la tête vers le ciel, parle, et est doué d'une âme immortelle. L'intelligence et la raison que Dieu lui a accordées établissent sa supériorité sur tous les autres êtres.

8. Quels sont les quatre âges de la vie de l'homme ?

L'enfance, jusqu'à douze ans; l'adolescence et la jeunesse, de douze ans à vingt-cinq ans; l'âge mûr, de vingt-cinq ans à soixante ans; enfin la vieillesse, qui est suivie de la caducité et de la décrépitude, lorsqu'elle se prolonge.

9. Quelles sont les plus importantes classes d'animaux ?

Les mammifères, les oiseaux, les poissons, les reptiles, les insectes et les mollusques.

10. *Quels sont les plus remarquables des animaux mammifères ?*

L'éléphant, le lion, la girafe, le cerf, le chameau, le cheval, qui vivent à l'état sauvage ou domestique, et la baleine et le cachalot, qui habitent la mer.

11. *Quels sont les principaux oiseaux qui voltigent dans l'air ?*

L'aigle, le vautour, l'épervier, le corbeau, la pie, l'hirondelle, le moineau, le merle, la fauvette, le rossignol, le chardonneret, le serin, le pigeon, la perdrix, le perroquet, etc.

12. *Quels sont les principaux poissons ?*

La carpe, le brochet, la truite, l'anguille, la perche, le goujon, etc., qui se trouvent dans les cours d'eau et les étangs ; le hareng, le thon, la sardine, la morue, la raie, le maquereau, le merlan, la sole, le turbot, le saumon, le requin, etc., qui vivent dans la mer.

13. *Quels sont les principaux reptiles ?*

Les serpents, la couleuvre, la vipère, la grenouille, le crapaud, les tortues, etc.

14. *Quels sont les principaux insectes?*

Les papillons, les mouches, les guêpes, les abeilles, le ver à soie, le hanneton, l'araignée, etc.

15. *Quels sont les principaux mollusques?*

L'huître, la moule, l'escargot ou colimaçon, la limace, etc.

16. *Quels sont les principaux animaux féroces ou carnassiers?*

Le lion, le tigre, la panthère, le léopard, l'hyène, le chacal, l'ours, le loup, le renard, les serpents, l'aigle, le vautour, le crocodile, le requin, etc.

17. *Quels sont les principaux animaux domestiques?*

Le cheval, l'âne, le chameau, le renne, le chien, le chat, le bœuf, la vache, le mouton, le cochon ou porc, la chèvre, le coq, la poule, le dindon, l'oie, le canard, le pigeon, le cygne, le paon, etc.

18. *Quelles ressources trouve l'homme dans les animaux?*

La chair des mammifères, des oiseaux

et des poissons lui donne une nourriture saine et variée. Leur laine, leur poil, leur cuir, lui procurent en outre des matières premières pour les diverses parties de son habillement et pour un grand nombre d'usages domestiques. De précieuses ressources lui sont encore offertes par certains animaux, tels que l'éléphant, la tortue, la baleine et le cachalot, qui fournissent l'ivoire, l'écaille et de l'huile. Enfin les abeilles et les vers à soie lui donnent du miel, de la cire et de la soie.

11.

Suite des trois Règnes de la Nature.

1. *Qu'est-ce que la botanique?*
C'est la science qui traite des plantes et de leurs propriétés.

2. *Qu'est-ce que l'agriculture?*
C'est l'art de cultiver la terre et de la faire fructifier.

3. *Qu'est-ce que l'horticulture ou jardinage?*
C'est l'art de cultiver les jardins.

4. Qu'est-ce que l'arboriculture?

C'est l'art de cultiver les arbres, et spécialement les arbres fruitiers.

5. Qu'appelle-t-on céréales?

Les plantes qui produisent des grains farineux pour faire du pain : le blé ou froment, le seigle, l'orge, le riz, le maïs et le sarrasin.

6. Qu'appelle-t-on légumes?

Les herbes potagères bonnes à manger, telles que le chou, le haricot, les fèves, les pois, les asperges, l'artichaut, la carotte, le navet, l'oignon, la chicorée, l'oseille, les épinards, la betterave, la laitue et autres salades, et enfin la pomme de terre, qu'on peut considérer comme une des principales ressources alimentaires.

7. Quels sont les principaux arbres fruitiers de la France?

Le pommier, le poirier, le prunier, le cerisier, le pêcher, l'abricotier, la vigne, le figuier, le noyer, le noisetier, le châtaignier, l'olivier, l'oranger, le citronnier, etc.

8. *Quels sont les principaux arbres de nos forêts et de nos bois?*

Le chêne, le hêtre, l'orme, le sapin, le noyer, le marronnier, le peuplier, le platane, le tilleul, le charme, l'érable, l'acacia, le pin, le saule, etc.

9. *Quelles plantes ornent nos jardins?*

Les fleurs, dont les espèces sont si diverses et si multipliées : la rose, la violette, la giroflée, l'œillet, la tulipe, la renoncule, l'héliotrope, la pivoine, le dahlia, etc.; les plantes à fruits, telles que le groseillier, le cassis, le framboisier, le fraisier, etc.; les plantes médicinales, la camomille, la mauve, la menthe, le pavot, etc.; enfin les arbrisseaux, tels que le lilas, le syringa, le chèvrefeuille, la clématite, etc.

10. *Quelles ressources tirons-nous des produits végétaux de notre pays?*

Les céréales, les herbes potagères et les fruits contribuent à notre nourriture. La vigne, le pommier, le houblon, nous fournissent des boissons salutaires et fortifiantes, le vin, le cidre, la bière ; le groseillier, le framboisier, le cassis, des liqueurs agréables; la betterave nous donne du sucre. Les fleurs embellissent nos demeures; les plantes médicinales nous rendent la santé. L'olive, la noix, le colza, l'œillette nous donnent de l'huile. Les tiges du chanvre et du lin sont employées pour faire d'excellentes toiles, tandis qu'on fait du cordage avec la filasse du chanvre. Enfin les arbres donnent du bois pour nous chauffer, nous construire des maisons, et fabriquer des meubles et des ustensiles. Les bois servent aussi à la construction des bateaux et des navires.

11. *Quels sont les produits des pays étrangers recherchés pour notre usage?*

La canne à sucre, le café, le thé, le cacao, dont on fait le chocolat, fournissent à notre subsistance. Le coton, produit du cotonnier, sert à fabriquer des étoffes économiques. Les beaux bois d'acajou sont utilisés pour l'ameublement.

12. *Qu'est-ce que la minéralogie?*

C'est la science qui apprend à connaître les minéraux et qui donne les moyens de les extraire du sein de la terre.

13. *Qu'est-ce que les pierres?*

Les pierres ou minéraux lithoïdes sont des corps solides et durs, qui se trouvent soit à la surface, soit dans l'intérieur de la terre.

14. *Quelles sont les principales pierres?*

La pierre de taille, la pierre de roche, l'ardoise, le marbre, qui sont employés dans nos constructions; le grès, dont on fait le pavé; le caillou ou silex, qui sert à garnir les routes; le cristal de roche, qui ressemble au verre; enfin les pierres précieuses, telles que l'émeraude, le rubis, la cornaline, le diamant, ornements des toilettes.

15. *Comment fait-on le plâtre employé par les maçons?*

Le plâtre, qui sert à la construction des maisons, est fait avec le gypse ou pierre à plâtre, que l'on réduit en poudre après l'avoir soumis à une forte cuisson.

16. *Qu'est-ce que les métaux?*

Les métaux ou minéraux métalliques sont des corps pesants, opaques et brillants, qui peuvent être fondus et travaillés par la main de l'homme.

17. *Quels sont les principaux métaux?*

Le fer, le plomb et le zinc, que l'on emploie dans les constructions et qui servent à fabriquer des instruments, des armes, etc.; le cuivre et l'étain, avec lesquels on fait des ustensiles de ménage; l'or et l'argent, employés pour les monnaies et les objets d'orfèvrerie et de bijouterie.

18. *Qu'est-ce que les combustibles?*

On appelle combustibles tous les corps, végétaux ou minéraux, qui, en brûlant, ont la propriété de donner de la chaleur et de la lumière; tels sont le bois, la tourbe, la houille, ou charbon de terre, le coke, etc.

19. *Comment se fait le gaz d'éclairage de nos villes?*

Il provient de la décomposition de la houille, qu'on soumet à une forte chaleur dans des cylindres en fonte.

20. *Qu'est-ce que l'argile?*

C'est une terre grasse et molle, nommée aussi terre glaise, dont on forme avec

de l'eau une pâte qui se durcit au feu. On
s'en sert pour fabriquer la faïence.

21. *Qu'est-ce que la porcelaine?*

C'est une pâte très fine, formée d'une
argile nommée kaolin, dont on fait, au
moyen du feu, des vases et des plats à
demi vitrifiés, c'est-à-dire ayant presque
la transparence du verre.

22. *Quelles ressources fournissent à
l'homme les produits minéraux?*

Avec les pierres il construit des maisons et pave les routes. Avec les métaux
il fabrique des outils, des instruments, des
machines de toutes sortes, des ustensiles
de ménage, des armes, des bijoux et la
monnaie de commerce. Les combustibles
minéraux remplacent le bois de chauffage à des conditions plus économiques.

12.

La Nourriture. — Les Vêtements. — Les Habitations.

1. *Quelles sont les premières nécessités
de la vie humaine?*

La première des obligations imposées

à l'homme par nos besoins sur cette terre est de pourvoir à sa nourriture, puis de se vêtir et enfin de se loger.

2. *Comment l'homme satisfait-il à ces nécessités?*

Il y satisfait par son travail et son industrie. Il utilise pour sa nourriture et ses vêtements les produits naturels que lui donnent le règne animal et le règne végétal. Il se sert de ceux du règne végétal et du règne minéral pour son habitation et la fabrication des meubles, des outils et autres instruments nécessaires aux divers usages de la vie.

3. *Par quels moyens l'homme tire-t-il parti des productions des trois règnes?*

Par les travaux de l'esprit et du corps qu'on nomme arts et métiers?

4. *Qu'appelle-t-on arts?*

Les travaux manuels qui exigent non seulement de l'adresse et une certaine force physique, mais aussi du goût et de l'intelligence, et qui servent à embellir nos demeures, à nous donner des objets d'utilité et de luxe : tels sont ceux du

peintre, du sculpteur, du graveur, de l'or-
fèvre, du bijoutier, de l'horloger, de
l'imprimeur, du relieur, etc.

5. *Qu'appelle-t-on métiers?*

Les travaux exécutés par le moyen de
bras ou avec le secours de machines diri-
gées par les ouvriers.

6. *Quels sont les principaux métiers?*

Les principaux états ou métiers sont :
pour notre nourriture, ceux de l'agricul-
teur qui cultive la terre, du meunier qui
moud le blé, du boulanger qui fait le pain,
du boucher qui dépèce les bestiaux et en
vend la viande, du maraîcher qui cultive
les légumes, du vigneron qui soigne la vigne, etc.; pour nos vêtements, ceux du tis-
serand qui fait de la toile, du drapier qui
fabrique le drap, du tanneur qui prépare
le cuir, de la lingère, du tailleur, du cha-
pelier, du cordonnier, etc.; pour nos habitations, ceux du carrier qui tire la pierre
des carrières, du maçon, du charpentier,
du couvreur, du menuisier, du serrurier,
du vitrier, du peintre en bâtiments, de
l'ébéniste, du tapissier, du carrossier, etc.

13.

Les Voies de communication.

1. Quels motifs rendent nécessaires les voies de communication?

Les relations de famille et de société, les besoins de l'industrie et du commerce. Ces voies sont en effet indispensables pour le transport des voyageurs sur tous les points du territoire et pour l'échange de nos denrées et produits, manufacturés.

2. Quel est l'avantage de ces voies de communication?

Plus un pays a des voies de communication rapides et commodes, plus son industrie et son commerce prennent d'extension, plus sa richesse augmente.

3. Quelles sont les principales voies de communication de la France?

Indépendamment des routes nationales, qui unissent les diverses parties de la

France, et des routes départementales ou vicinales, qui rapprochent les communes, il existe pour la voie de terre les chemins de fer, et pour la voie d'eau les bâtiments à vapeur et les bateaux à voiles.

4. Quel est le système des chemins de fer ?

La vapeur comprimée acquiert une force considérable : produite dans une machine roulante nommée locomotive, elle met en mouvement et entraîne avec une grande rapidité des voitures dites wagons, dont les roues s'emboîtent dans des rails ou bandes de fer, posées des deux côtés du chemin.

5. Quel est le mécanisme des bateaux à vapeur ?

Une machine à vapeur, placée au centre du bâtiment, met en mouvement de grandes roues ou des hélices, qui le font avancer sur les eaux. Lorsque les vaisseaux ne marchaient qu'avec des voiles, on était souvent arrêté par le manque de vent ; il n'en est plus ainsi aujourd'hui, grâce à l'emploi de la vapeur.

6. *Quels moyens sont employés pour transmettre les correspondances?*

La poste aux lettres et la télégraphie électrique.

7. *Comment se fait le service de la poste aux lettres?*

Chaque jour les chemins de fer et des voitures particulières transportent d'une localité à une autre les lettres déposées dans les boîtes de la poste, et ces correspondances sont immédiatement remises par des facteurs aux destinataires.

8. *Comment a lieu le service de la télégraphie électrique?*

Au moyen de courants électriques qui suivent des fils de fer et correspondent à des appareils spéciaux placés au point de départ et d'arrivée, des dépêches sont transmises à des distances très éloignées avec une rapidité prodigieuse.

9. *N'a-t-on pas trouvé un moyen scientifique de transmettre la voix à de grandes distances?*

Par l'invention du *téléphone*, appareil qui fonctionne au moyen de l'électricité.

14.

La Géographie.

1. *Qu'est-ce que la géographie?*

C'est la science qui traite de la description de la surface de la terre.

2. *Qu'est-ce que la terre?*

C'est le globe que nous habitons, et que l'on nomme aussi monde, univers.

3. *Pourquoi lui donne-t-on le nom de globe terrestre?*

Parce qu'elle est ronde comme une boule, comme le corps sphérique qu'on nomme globe.

4. *Qu'est-ce que les points cardinaux?*

Ce sont quatre points désignés pour déterminer la position des diverses parties de la terre. On les nomme : nord ou septentrion; sud ou midi; est, orient ou levant, qui est le point où le soleil semble se lever; ouest, occident ou couchant, qui est le point où le soleil semble se coucher.

5. *Comment se divise la terre?*

En terre ferme et en eaux ou mers.

6. *Qu'est-ce qu'un continent?*

C'est une vaste étendue de terre que l'on peut parcourir sans traverser la mer.

7. *Combien y a-t-il de continents?*

On en compte deux. L'Europe, l'Asie et l'Afrique forment l'ancien continent, et l'Amérique le nouveau. L'Australie peut être aussi regardée comme un troisième continent, dit continent austral.

8. *Qu'est-ce que la mer ou océan?*

C'est une immense étendue d'eau amère et salée qui baigne les bords de la partie solide du globe terrestre.

9. *Pourquoi l'eau de la mer est-elle salée?*

Cette qualité provient de la combinaison et de la dissolution de diverses matières dont le sel est la partie principale.

10. *Qu'est-ce que les marées?*

C'est un mouvement alternatif et journalier de la mer, qui couvre et abandonne successivement le rivage. C'est ce que l'on appelle le flux et le reflux.

11. *Quelle est la cause, des marées?*

Elles sont produites par l'attraction de la lune et du soleil.

12. *Comment divise-t-on les mers?*

On compte cinq grandes mers : l'océan Atlantique, le grand Océan, l'océan Indien, l'océan Glacial arctique ou du Nord et l'océan Glacial antarctique ou du Sud. On nomme Méditerranée la mer intérieure située entre l'Europe, l'Asie et l'Afrique, et qui communique avec l'océan Atlantique par le détroit de Gibraltar.

13. *Qu'est-ce qu'un détroit?*

C'est une partie de mer resserrée entre deux terres et qui sert de communication entre deux mers.

14. *Qu'est-ce qu'une île?*

C'est une terre peu étendue entourée d'eau de tous côtés.

15. *Qu'est-ce qu'un fleuve?*

C'est un cours d'eau considérable qui se jette dans la mer.

16. *Qu'est-ce qu'une rivière?*

C'est un cours d'eau qui se jette dans un fleuve ou dans une autre rivière.

17. *Comment distingue-t-on la rive droite et la rive gauche d'un cours d'eau?*

La rive droite ou la rive gauche d'un cours d'eau est le côté situé à la droite ou à la gauche d'une personne qui en suit le courant.

18. *Qu'est-ce qu'un lac?*

Une grande étendue d'eau, avec ou sans courant, située dans l'intérieur des terres.

19. *Qu'est-ce qu'un étang?*

Un amas d'eau douce ou salée destiné surtout à la pêche du poisson.

20. *Qu'est-ce qu'un canal?*

C'est un cours d'eau exécuté par la main de l'homme et qui fait communiquer entre eux deux fleuves ou deux rivières, un fleuve ou une rivière avec la mer, ou deux mers ensemble.

21. *En combien de parties divise-t-on le monde?*

En cinq parties, que l'on nomme l'Europe, l'Asie, l'Afrique, l'Amérique et l'Océanie.

22. *Quelles étaient les parties connues des peuples anciens?*

Ce que l'on nomme aujourd'hui l'ancien continent : l'Europe, l'Asie et l'Afrique.

23. *A quelle époque l'Amérique et l'Océanie ont-elles été découvertes?*

L'Amérique a été découverte vers la fin du quinzième siècle par Christophe Colomb, navigateur génois au service de l'Espagne; elle tire son nom d'Améric Vespuce, qui n'y aborda que deux ans après Colomb, mais qui publia le premier une relation de son voyage. L'Océanie, composée d'un grand nombre d'îles, a été successivement découverte depuis le commencement du seizième siècle par Magellan, Cook, Bougainville, La Pérouse, Dumont d'Urville, etc.

24. *Quelles sont la situation et les productions de l'Europe?*

L'Europe est bornée au nord par l'océan Glacial arctique, à l'est par l'Asie, au sud par le mont Caucase et la Méditerranée, à l'ouest par l'océan Atlantique. Sa superficie est de 10,000,000 de kilomètres carrés, et sa population d'environ 330 millions d'habitants, qui parlent le français, l'allemand, l'anglais, l'espagnol, l'italien, le hollandais, le russe, le polonais, etc. La religion catholique est répandue dans la plus grande partie de l'Europe, et presque tous les gouvernements sont monarchiques. Le climat de l'Europe est tempéré, et le sol, cultivé par des populations laborieuses et industrieuses, est en général fertile. On y trouve en abondance des céréales, du vin et des fruits; les forêts sont fort belles et les mines de fer, de cuivre, de plomb, de zinc, etc., riches et nombreuses.

25. *Quels sont les principaux États de l'Europe?*

Au nord, l'Angleterre, le Danemark, la Suède et Norvège, la Russie et Pologne; au centre, la France, la Belgique, les Pays-Bas, l'Allemagne, la Prusse, l'Autriche-Hongrie et la Suisse; au sud, le Portugal, l'Espagne, l'Italie, la Grèce, la Turquie d'Europe, la Roumanie, la Serbie, et le Monténégro.

15.

Suite de la Géographie.

1. Quelles sont la situation et les productions de l'Asie?

L'Asie est bornée au nord par l'océan Glacial arctique; à l'est, par le grand Océan; au sud, par l'océan Indien; à l'ouest, par les monts Ourals, la mer Caspienne, le mont Caucase, la mer Noire, la Méditerranée, le canal de Suez et la mer Rouge. Elle est presque aussi étendue que l'Europe et l'Afrique réunies, et sa population est évaluée à 850 millions d'habitants, qui parlent le turc, l'arabe, le persan, l'hindoustani et le chinois. L'Asie est très fertile en blé, riz, vins, fruits, thé, café, girofle, cannelle, coton, soie, etc. Les mines fournissent beaucoup de métaux, et principalement des diamants et des pierres précieuses.

2. Quels sont les principaux États de l'Asie?

La Russie d'Asie, la Turquie d'Asie,

l'Arabie, la Perse, le Turkestan, l'Afghanistan, la Chine, le Japon, l'Hindoustan et l'Indo-Chine, dans laquelle sont compris la Cochinchine et le royaume de Siam.

3. *Quelles sont la situation et les productions de l'Afrique ?*

L'Afrique est bornée au nord par le détroit de Gibraltar et la Méditerranée ; à l'est, par la mer Rouge et l'océan Indien ; au sud, par le grand Océan ; à l'ouest, par l'océan Atlantique. Elle est plus grande que l'Europe et sa population est d'environ 130 millions d'habitants, dont la langue la plus répandue est l'arabe. Son climat est excessivement chaud. Elle produit du riz et des fruits de toute espèce, et possède des mines d'or, de cuivre, etc. Elle est peuplée d'un grand nombre d'animaux féroces.

4. *Quels sont les principaux États de l'Afrique ?*

Le Maroc, l'Algérie, la Tunisie, la régence de Tripoli, l'Égypte, la Nubie, l'Abyssinie, le Soudan, la Guinée, la Sénégambie, la Cafrerie, le gouvernement du Cap de Bonne-Espérance, colonie anglaise.

5. *Quelles sont la situation et les productions de l'Amérique?*

L'Amérique, la plus vaste partie du monde après l'Asie, est bornée au nord par l'océan Glacial arctique; à l'est, par l'océan Atlantique; au sud, par l'océan Glacial antarctique; à l'ouest, par le grand Océan. La population est d'environ 100 millions d'habitants, composés d'Européens, de Nègres et d'Indiens. Les principales langues parlées sont l'anglais, l'espagnol, le portugais et le français. L'Amérique est très fertile et très boisée. On en tire le cacao qui sert à faire le chocolat, le café, la canne à sucre, le tabac, le coton, des cuirs, des pelleteries, des bois de teinture, etc. Ses mines d'or et d'argent sont nombreuses et abondantes, surtout en Californie.

6. *Quels sont les principaux États de l'Amérique?*

Le Groënland, la Nouvelle-Bretagne ou Confédération du Canada, les États-Unis, le Mexique, l'Amérique centrale, la Nouvelle-Grenade, le Vénézuéla, la Guyane, le Brésil, l'Equateur, le Pérou, la Bolivie, le Chili, la République Argentine, le Paraguay, la Patagonie, le groupe des Antilles.

7. *Quelles sont la situation et les productions de l'Océanie?*

L'Océanie est au sud-est de l'Asie et à l'ouest de l'Amérique, et sa population est d'environ 36 millions d'habitants, qui appartiennent à la race malaise et à la race nègre. La langue principale est le malais. Ses productions sont le riz, le café, la canne à sucre, les épices, etc. L'Australie renferme d'importantes mines d'or.

8. *De quels pays se compose l'Océanie?*

Elle se compose du continent de l'Australie, presque aussi grand que l'Europe, et désigné autrefois sous le nom de Nouvelle-Hollande, et de nombreuses îles disséminées dans le Grand Océan, telles que les îles de la Sonde, l'archipel de Bornéo, les Moluques, les îles Philippines, la Nouvelle-Calédonie, la Nouvelle-Guinée, la Nouvelle-Zélande, les îles Sandwich, les îles Marquises et les îles Taïti.

9. *Quelles sont les limites de la France?*

La France est bornée au nord-ouest par la Manche et le Pas de Calais, qui la séparent de l'Angleterre ; au nord, par la mer du Nord et la Belgique ; à l'est, par l'Alsace-Lorraine, la Suisse, et les Alpes qui la séparent de l'Italie ; au sud, par la Méditerranée, et les Pyrénées qui la séparent de l'Espagne; à l'ouest, par l'océan Atlantique.

10. *Comment est-elle divisée?*

Elle est divisée en 86 départements, administrés par des préfets.

11. *Quelles sont les principales montagnes de la France?*

Les Alpes, les Vosges, les Cévennes, les Pyrénées.

12. *Quels sont ses principaux fleuves?*

La Seine, la Loire, la Garonne et le Rhône.

13. *Quelles sont les productions les plus importantes de la France?*

Son sol, favorisé par la douceur du climat, produit abondamment des céréales et des fruits. Ses vins sont fort renommés. Elle possède de précieuses mines de métaux et d'utiles carrières de pierres.

14. *Quelles sont ses villes principales?*

Paris, capitale; Lyon, Marseille, Bordeaux, Lille, Toulouse, Nantes, Saint-Etienne, Le Havre, Rouen, Roubaix, Reims, Amiens, Nancy, Nice, Angers, Brest, Toulon.

15. *Quels sont ses principaux ports de mer?*

Le Havre, Cherbourg, Brest, Lorient, Marseille, Toulon; Rouen, Nantes, Bordeaux.

16. *Quelles sont les plus importantes colonies de la France?*

En Afrique, l'Algérie, le Sénégal et l'île de la Réunion; en Asie, dans l'Inde, Pondichéry, et dans la Cochinchine, Saïgon; en Amérique, la Guyane française, la Martinique et la Guadeloupe; dans l'Océanie, la Nouvelle-Calédonie, les îles Marquises et les îles Taïti. — La France exerce le protectorat en Afrique sur la Tunisie, en Asie sur le Tonkin et l'Annam.

16.

L'Histoire.

1. *Qu'est-ce que l'histoire?*

C'est le récit des événements les plus considérables qui ont eu lieu dans tous les temps et dans tous les lieux.

2. *Comment divise-t-on l'histoire?*

En histoire ancienne, du moyen âge et moderne. On nomme aussi histoire sainte l'histoire des Juifs ou du peuple de Dieu jusqu'à la naissance de Jésus-Christ.

3. *Qu'est-ce que la chronologie?*

C'est une science qui nous fait classer, selon l'ordre des temps, les divers événements que présente l'histoire.

4. *Qu'appelle-t-on époque?*

C'est un point fixe dans l'histoire, ordinairement marqué par un grand événement, tel que la création du monde, la naissance de Jésus-Christ, la fondation de la monarchie française, etc. Ce mot se dit souvent de l'événement même qui sert de point de départ à une période historique.

5. *Comment compte-t-on les siècles?*

Les années de chaque siècle se désignent par le nombre énonçant le chiffre de centaine immédiatement supérieur à celui de la centaine exprimée; ainsi, en comptant les siècles depuis la naissance de Jésus-Christ, on dit de 401 à 500 le cinquième siècle, de 1801 à 1900, le dix-neuvième siècle, etc.

6. *Quel est le plus ancien peuple?*

Le peuple juif, dont l'origine remonte jusqu'au commencement du monde et dont l'histoire est contenue dans les Saintes Écritures.

7. *Quelle a été la mission du peuple juif?*

De conserver intacte la religion du vrai Dieu et d'annoncer la venue du Messie, N. S. Jésus-Christ, né à Bethléem, en Judée, l'an 4138 du monde.

8. *Quels ont été les plus grands peuples des temps anciens?*

Les Juifs, les Égyptiens, les Phéniciens, les Assyriens, les Perses, les Grecs, les Carthaginois et les Romains. Ces derniers finirent par se rendre maîtres du monde entier, c'est-à-dire des parties du globe alors connues.

9. *Comment l'empire romain s'est-il écroulé?*

A la suite des invasions des barbares du nord et de l'est, qui se sont successivement emparés de diverses parties de l'Europe et s'y sont fixés.

10. *Quelle est l'origine de la monarchie française?*

Le fondateur de la monarchie française fut Clovis, chef des Francs, peuples de la Germanie qui avaient envahi la Gaule, dont la plus grande partie était encore sous la domination des Romains.

11. *Combien compte-t-on de dynasties ou races dans l'ancienne monarchie?*

Trois races : les Mérovingiens, les Carlovingiens, les Capétiens.

12. *Quels sont les rois les plus remarquables des deux premières races?*

Dans la première race, Clovis; dans la seconde, Pépin le Bref et Charlemagne.

13. *Quels sont les rois les plus célèbres de la troisième race ?*

Hugues Capet, Louis VI, Philippe Auguste, saint Louis, Philippe le Bel, Charles V, Louis XI, Louis XII, François Ier, Henri IV, Louis XIV.

14. *Quel grand empire exista au commencement de ce siècle ?*

Après la Révolution française de 1789, le général Bonaparte, qui s'était distingué dans la guerre d'Italie, devint premier consul, puis empereur des Français. Son puissant empire, qui s'étendit sur une partie de l'Italie et de l'Allemagne, sur la Belgique et la Hollande, eut une durée glorieuse, mais éphémère.

15. *Quel est le gouvernement actuel de la France ?*

La Constitution du 25 février 1875 a organisé le gouvernement de la République française avec un Sénat de 300 membres, une Chambre des députés (aujourd'hui de 584 membres), un Président nommé pour sept ans par les deux Chambres réunies en Assemblée nationale.

Paris. — Imprimerie Delalain, rue de la Sorbonne, 1 et 3.

On trouve à la même Librairie :

Dictées et Lectures, ou Notions élémentaires sur l'agriculture, l'industrie et l'économie domestique, les inventions et les découvertes, les sciences et les arts, les institutions de bienfaisance, etc., mises à la portée de la jeunesse, par *M. G. Beleze,* chef d'institution de Paris : 6ᵉ édition, revue et modifiée; 1 vol. in-18, de 360 pages, *cart.* 1 f. 50 c.

Éléments usuels des Sciences physiques et naturelles, rédigés conformément aux programmes de l'enseignement primaire, par *M. E. Bouant,* ancien élève de l'École normale supérieure, agrégé des sciences physiques, professeur au lycée Charlemagne; 1 fort vol. in-12, pouvant servir de livre de lecture, *avec nombreuses vignettes dans le texte, cart.* 3 f. 50 c.

Se vendent séparément :

— **Éléments usuels des Sciences physiques et naturelles,** à l'usage du *Cours élémentaire,* par *M. E. Bouant :* 2ᵉ édition; 1 vol. in-12, avec 137 *gravures dans le texte,* cart. 1 f.

— **Éléments usuels des Sciences physiques et naturelles,** à l'usage du *Cours moyen,* par *M. E. Bouant:* 2ᵉ édition; 1 vol. in-12, avec 203 *gravures dans le texte,* cart. 1 f. 25 c.

— **Éléments usuels des Sciences physiques et naturelles,** à l'usage du *Cours supérieur,* par *M. E. Bouant;* 1 vol. in-12, avec 170 *gravures dans le texte,* cart. 1 f 25 c.

Fablier des Enfants, Choix de fables de La Fontaine, Florian, Lamotte, Aubert, Le Bailly, Arnault, etc., avec des notes explicatives, par un Ami de l'enfance : 32ᵉ édition, *ornée de 12 vignettes dans le texte;* in-18, cart. 50 c.

Leçons de choses, à l'usage des écoles primaires, par *M. Gillet-Damitte,* inspecteur de l'instruction primaire (Bibliothèque usuelle, n° 29); in-12, *avec 20 vignettes,* br. avec couverture forte, 25 c.

Livre de Lecture courante, à la portée de la jeunesse, présentant une suite de conseils aux enfants sur leurs principaux devoirs, accompagnés d'exemples historiques, par *M. G. Beleze :* 23ᵉ édition; 1 fort vol. in-18, *orné de 30 vignettes,* cart. 1 f. 50 c.

Mémorial poétique de l'Enfance, ou Choix de Distiques, de Quatrains, de courtes Fables et d'autres pièces en vers, par *M. A. Boniface,* chef d'institution de Paris : 29ᵉ édition; in-18, cart. 90 c.

www.ingramcontent.com/pod-product-compliance
Lightning Source LLC
LaVergne TN
LVHW051502090426
835512LV00010B/2300